C0-APP-113

Ri, ra, rutsch,
wir fahren mit der Kutsch…

Kinderreime

Die Deutsche Bibliothek-CIP-Einheitsaufnahme

Ri, ra, rutsch, wir fahren mit der Kutsch... Kinderreime

4. Auflage 1999

© 1999 by Dieter Krone Verlag, 42799 Leichlingen, Waldstraße 2a
Printed in Germany

Herausgeber: Dieter Krone
Konzept: Gerhard Ziebolz, Köln
Illustration und Gestaltung: Arek Garcia, Köln
Produktion: Rano Design, Düsseldorf
Druck: Sebald Sachsendruck

Kein Teil des Werkes darf ohne die schriftliche Genehmigung des
Verlegers oder des Illustrators reproduziert, gespeichert oder mit
visuellen und elektronischen Systemen verarbeitet werden.
Alle Rechte vorbehalten.

ISBN 3-9805289-8-7

Ri, ra, rutsch,
wir fahren mit der Kutsch...
Kinderreime

illustriert von Arek Garcia

KRONE

Inhaltsverzeichnis

Liebe Leserin, lieber Leser,

in diesem Buch finden Sie eine Auswahl bekannter Kinderreime mit Illustrationen von Arek Garcia. Wir hoffen, daß Ihnen diese Sammlung gefällt. Gerne würden wir mit Ihrer Hilfe diese erweitern und bitten Sie, uns viele lustige und schöne Kinderreime einzureichen.

Vielen Dank für Ihre freundliche Unterstützung.

Ihr Krone Verlag

Ene, mene, Tintenfaß,
geh zur Schul
und lerne was!
Hast gelernt du,
komm nach Haus:
Eins, zwei, drei,
und du bist raus!

Lirum, larum, Löffelstiel,
alte Weiber essen viel,
junge müssen fasten,
Brot liegt im Kasten,
Messer liegt daneben:
ei, was ein lustig Leben.

April, April, April,
der weiß nicht, was er will.
Mal Regen und mal Sonnenschein,
dann schneit es wieder zwischendrein.
April, April, April,
der weiß nicht, was er will.

Der Frühling ist kommen!
Der Frühling ist da!
Wir freuen uns alle,
juchheirassassa!

Es singen die Vögel
von fern und von nah:
Der Frühling ist kommen,
der Frühling ist da!

Heile, heile Segen,
drei Tage Regen,
drei Tage geht der Wind,
heile – heile, liebs Kind.

Heile, heile Segen,
drei Tage Regen,
drei Tage Sonnenschein,
dann wird's wieder besser sein.

Heile, heile Segen,
morgen gibt es Regen,
übermorgen Schnee,
dann tut's nicht mehr weh.

Eins, zwei, drei,
alt ist nicht neu,
neu ist nicht alt,
warm ist nicht kalt,
kalt ist nicht warm,
reich ist nicht arm,
arm ist nicht reich,
ungrad ist nicht gleich,
gleich ist nicht ungrad,
ein Wagen ist kein Pflugrad,
Pflug ist kein Wagen,
singen ist nicht sagen,
sagen ist nicht singen,
tanzen ist nicht springen,
springen ist nicht tanzen,
Flöh sind keine Wanzen,
Wanzen sind keine Flöh,
ein Hirsch ist kein Reh,
Reh ist kein Hirsch,
faul ist nicht frisch,
frisch ist nicht faul,
ein Ochs ist kein Gaul,
ein Gaul ist kein Ochs,

ein Has ist kein Fuchs,
ein Fuchs ist kein Has,
die Zunge ist keine Nas,
Nas ist keine Zunge,
Leber ist keine Lunge,
Lunge ist keine Leber,
der Schmied ist kein Weber,
ein Weber ist kein Schneider,
ein Bauer ist kein Schreiber,
ein Schreiber ist kein Bauer,
süß ist nicht sauer,
sauer ist nicht süß,
die Händ sind keine Füß,
die Füß sind keine Händ,
Brust hat kein Ent,
Ent hat keine Brust,
Hunger ist kein Durst,
Durst ist kein Hunger,
ein Alter ist kein Junger,
ein Junger ist kein Alter,
die Bibel, die hat Psalter,
Psalter ist kein Testament:
also hat das Lied ein End.

Guten Morgen, Herr Meier,
was kosten die Eier?
»Einen Dreier.«
Das ist zu teuer.
»Einen Pfennig.«
Das ist zu wenig.

Meine Mu, meine Mu,
meine Mutter schickt mich her,
ob der Ku, ob der Ku,
ob der Kuchen fertig wär.
Wenn er no, wenn er no,
wenn er noch nicht fertig wär,
käm ich mo, käm ich mo,
käm ich morgen wieder her.

Annele, Bannele, geh in den Laden,
hol für'n Dreier Käsemaden.
Käsemaden gibt es nicht,
Annele, Bannele ärgert sich.

Macht die Säge: siege-sage,
macht die Wiege: wiege-wage.
Wiege-wage macht der Wind,
in der Wiege schläft mein Kind.

Schaukel, schaukel Wind,
ich schaukele mein Kind.
Muß es fein und sachte wiegen,
könnt sonst aus der Wiege fliegen.

Was guckst du mich an?
Hab schon einen Mann.
Wärst du früher gekommen,
hätt ich keinen genommen.

Hänschen saß im Schornstein
und flickte seine Schuh,
da kam ein schönes Mädchen
und sah ihm lange zu.

Mädchen, willst du freien,
so freie dich mit mir!
Ich habe noch zwei Dreier,
die will ich geben dir.

Zwei Dreier sind zu wenig,
zwei Groschen sind zuviel,
da bleib ich lieber ledig
und tue, was ich will.

Ilse Bilse, keiner will se.
Kam ein Koch und nahm sie doch.

Backe, backe Kuchen,
der Bäcker hat gerufen:
Wer will gute Kuchen machen,
der muß haben sieben Sachen.
Eier und Schmalz,
Zucker und Salz,
Milch und Mehl,
Safran macht den Kuchen gehl.
Schieb, schieb in Ofen 'nein!

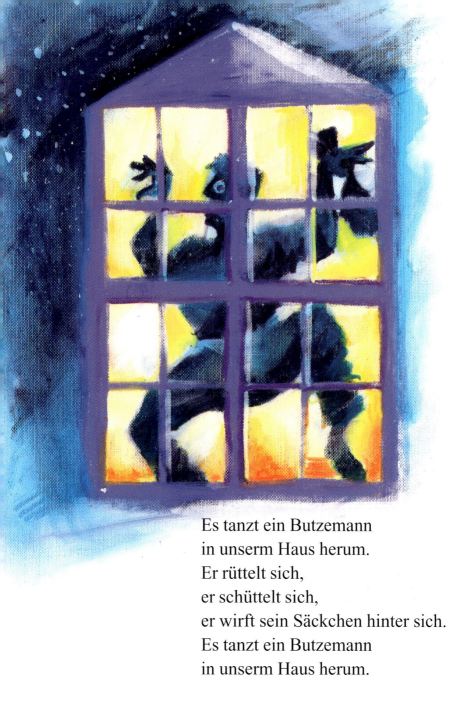

Es tanzt ein Butzemann
in unserm Haus herum.
Er rüttelt sich,
er schüttelt sich,
er wirft sein Säckchen hinter sich.
Es tanzt ein Butzemann
in unserm Haus herum.

Morgens früh um sechs kommt die kleine Hex'...

...morgens früh um sieben
schabt sie gelbe Rüben;
morgens früh um acht
wird Kaffee gemacht;
morgens früh um neune
geht sie in die Scheune;
morgens früh um zehne
holt sie Holz und Späne;
feuert an um elfe,
kocht sie bis um zwölfe:
Fröschebein' und Krebs und Fisch.
Hurtig, Kinder, kommt zu Tisch!

Neunundneunzig Schneider,
die wiegen hundert Pfund.
Und wenn sie die nicht wiegen,
dann sind sie nicht gesund.

Der Müller tut mahlen,
die Räder gehn rum,
mein Kind ist erzürnet,
weiß selbst nicht warum.

Liebe Schwester, tanz mit mir,
beide Hände reich ich dir.
Einmal hin, einmal her,
rundherum, das ist nicht schwer!

Hoppe, hoppe Reiter,
Wenn er fällt, dann schreit er.
Fällt er in den Teich,
findt ihn keiner gleich.
Fällt er in die Hecken,
fressen ihn die Schnecken.
Fällt er in den Graben,
fressen ihn die Raben.
Fällt er in den Sumpf,
macht der Reiter plumpf.

Knabber, knabber Mäuschen,
scher dich aus unserm Häuschen!
Was suchst du in dem Kellerloch?
Renn fort, sonst findt dich noch der Koch,
macht aus dir 'nen Hasenbraten,
und wir würden's nicht entraten.

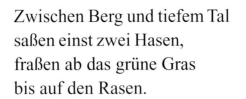

Zwischen Berg und tiefem Tal
saßen einst zwei Hasen,
fraßen ab das grüne Gras
bis auf den Rasen.

Als sie satt gefressen warn,
setzten sie sich nieder,
bis daß der Jäger kam
und schoß sie nieder.

Als sie sich gesammelt hattn
und sich besannen,
daß sie noch am Leben waren,
liefen sie von dannen.

Wer die Gans gestohlen hat,
der ist ein Dieb.
Wer sie aber wiederbringt,
den hab ich lieb.
Da steht der Gänsedieb!

A B C,
beißen mich die Flöh,
beißen in die Zeh,
beißen mich die Mücken,
kann ich mich nicht bücken.

Ri, ra, rutsch,
wir fahren in der Kutsch,
wir fahren nach Amerika.
Und wenn das große Wasser kommt,
da kehrn wir wieder um.

Ri, ra, rutsch,
wir fahren mit der Kutsch,
wir fahren mit der Schneckenpost,
bei der es keinen Pfennig kost.
Ri, ra, rutsch.

Eio popeio, was rasselt im Stroh?
Die Gänslein gehn barfuß
und haben keine Schuh;
der Schuster hats Leder,
kein Leisten dazu,
kann er den Gänslein
auch machen kein Schuh.

Nebel, Nebel, Niebel,
steige auf zum Giebel,
steige auf zur Himmelstür
und laß die liebe Sonn herfür!

Hopp, hopp, hopp,
Pferdchen, lauf Galopp
über Stock und über Steine,
aber brich dir nicht die Beine!
Hopp, hopp, hopp, hopp, hopp,
Pferdchen, lauf Galopp.

Ei, wie langsam, ei, wie langsam
kommt der Schneck von seinem Fleck!
Sieben lange Tage braucht er
von dem Eck ins andre Eck.

Ei, wie langsam, ei, wie langsam
kommt der Schneck im Gras daher!
Potz, da wollt ich anders laufen,
wenn ich so ein Schnecklein wär!

Eine Kuh, die saß im Schwalbennest
mit sieben jungen Ziegen,
die feierten ihr Jubelfest
und fingen an zu fliegen.
Der Esel zog Pantoffeln an,
ist übers Haus geflogen.
Und wenn das nicht die Wahrheit ist,
so hab ich dich belogen.

Da hast 'nen Taler,
geh auf den Markt,
kauf dir 'ne Kuh,
Kälbchen dazu.
Das Kälbchen hat ein Schwänzchen.
Dideldideldänzchen.

Heile, heile Kätzchen,
das Kätzchen hat vier Tätzchen
und einen langen Schwanz –
morgen ist alles wieder ganz.

Mäuschen, laß dich nicht erwischen,
spring auf Bänken und auf Tischen,
husch, husch, husch,
Mäuschen, Mäuschen husch!

Schlaf, Kindel, schlaf.
Da draußen gehn die Schaf.
Die schwarzen und die weißen,
die woll'n bös Kindeln beißen.
Schlaf, Kindel, schlaf.

Schlaf, Kindel, schlaf.
Dein Vater hüt' die Schaf.
Dein' Mutter schüttelt's Bäumele,
da fällt herab ein Träumele.
Schlaf, Kindel, schlaf.

Alle meine Enten
schwimmen auf dem See,
Köpfchen in das Wasser,
Schwänzchen in die Höh.

Es regnet, es regnet,
es regnet seinen Lauf.
Und wenn's genug geregnet hat,
dann hört's auch wieder auf.

Häschen in der Grube
saß und schlief.
Armes Häschen, bist du krank,
daß du nicht mehr hüpfen kannst?
Häschen hüpf!
Häschen hüpf!
Häschen hüpf!

Ich und du, Müllers Kuh,
Bäckers Esel – das bist du!

A B C,
die Katze lief in Schnee.
Und als sie wieder rauskam,
da hatt sie weiße Stiefel an.
O weh, o jemine!

A B C,
die Katze lief zur Höh.
Sie leckt ihr kaltes Pfötchen rein
und putzt sich auch das Näselein
und ging nicht mehr in Schnee.

Wer nicht kommt
zur rechten Zeit,
der muß nehm',
was übrigbleibt.

Bücher und Poster aus dem Krone Verlag.
Im Buchhandel erhältlich.

Schlaf, Kindel, schlaf...
Größe 30x45 cm

Zwei Poster
zusammen **9,95** DM
ISBN 3-9805289-9-5

Die kleine Hexe
Größe 30x45 cm

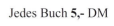

Jedes Buch **5,-** DM

ISBN 3-9805289-4-4   ISBN 3-9805289-7-9